Ein Jahr lang habe ich Skizzen, Fotografien und Notizen gesammelt
und in diesem Buch zusammengefügt.

Ich heiße Simon, bin 2,07m groß und arbeite als Fotograf.
Wahrscheinlich ist es daher zum beinahe zwanghaften Verhalten geworden,
die für einen als „besonders" ernannten Momente herauszupicken
und festhalten zu wollen.

Viele der Geschichten und Aufnahmen entstanden auf den Reisen in meinem Auto.
Mit einer Matratze im Kofferraum ging es 2017 durch Spanien, Frankreich, Portugal,
England, Wales, Schottland und Deutschland.

Dortmund

Ungekämmt und ungeniert
Geschichten vom Balkon
Uwe zitiert Marx
Plauzen und Pocken
Truckerbräune
Abends gibt's Gewitter
Der Kanal kühlt das blaue Auge
Unterm Zeh, ne Kippe
Wozu denn in die Ferne schweifen?
Väter haben Wochenende
Keine Loge, kein Parkett
Nur die erste Reihe
Wenn einer furzt, dann lachen alle
So sind wa halt

Cadiz, Spanien

Gegen Abend, wenn es etwas kühler wird
Entsteht auf der Plaza de Mina im Herzen der Altstadt
Ein Mosaik aus Kinderstimmen

Die Alten betrachten wohlwollend etwas abseits das Geschehen
Als harmonische Untermalung der zunehmenden Verschleierung
Des eigenen Geistes

Der Mittelpunkt scheint seine Gezeitenströme auszuüben
Bei Unachtsamkeit findet man sich als Ton eines Modern Jazz Stückes wieder
Der nach Belieben verschluckt oder herumgeworfen wird

Herumgeworfen werden im Allgemeinen sämtliche losen Gegenstände
Mit einer unbändigen Freude an der reinen Physik der Schwerkraft
Heroische Ausdrücke auf Büsten alter Entdecker
Erscheinen als verzweifelter Versuch der Geschichte
Belanglosigkeit kindlichen Treibens Ehrfurcht einzuflößen

Hätte es ein Pizarro wohl als befriedigend angesehen
Verewigt auf einer Mamorsäule
Nichts weiter an den Kopf geworfen zu bekommen
Als einen bunten Plastikball?

Die Geheimnisse der von einem Brachiosaurus-Zeh
Getrennten Mädchen scheinen mir akuter

Frauen, die saufen

Frauen, die saufen, hören nie auf
Fahren kein Fahrrad. Bekommen 'nen Bauch
Frauen, die saufen, bepinseln die Poren
Spuren des Lifestyles. Gesicht aufgegoren
Frauen, die saufen, riechen nach Rauch
Schnarchen nachts. Der Kopf sammelt Staub
Frauen, die saufen, reden sehr laut
Reden viel, das meiste geklaut
Frauen, die saufen, schlafen nicht tief
Sind tagsüber träge. Aus der Küche dringt Mief
Frauen, die saufen, sind ungern allein
Lachen und Weinen zusammen. Sonntags die Kurzen am Bein
Frauen, die saufen, sehen viel fern
Im Jeremiashospital hat man sich bald wieder gern
Vielleicht werden Frauen, die saufen, älter als du
Genießen das Leben. Keine Angst vor der Ruh'

Schottland

Im Conifers Guest House bin ich der einzige Gast
Das bedeutet, ich kann nackt aus meinem Zimmer
Über den Filzteppich bis hin zur Dusche schlurfen

Nachts kommen die Spanier
Einer scheint Durchfall zu haben
Aus Scham lässt er den Wasserhahn laufen
Ein kläglicher Versuch, die Akustik des sich öffnenden Ventils
Eines mächtigen Resonanzkörpers zu vertuschen

Ich sitze alleine im Frühstückssaal, vor mir die Zeitung
Die ich seit sieben Tagen ohne aufkommende Langeweile lese
Dann kommen die Spanier
Fast aus medizinischer Neugierde mustere ich
Körperbau und Essverhalten der Verdächtigen
Meine Ermittlungen lassen anhand Kamillentees und Knäckebrot
Keinen anderen Schluss zu:
Das bildschöne Penelope Cruz Double hat ihren
Nächtlichen Passionsweg hinter sich gelassen

Ein weiterer Tiefpunkt meiner britischen Frühstückserlebnisse
Soll mich diesen Tag in Form von Brechreiz begleiten
Aus prophylaktischen Gründen erkunde ich
Die idylisch gelegene, öffentliche Toilette im Princess Street Garden
Hier lässt niemand aus Scham Wasserhähne laufen
Körperliche Leidenswege finden Trost
Im kollektiven Schutzmantel männlicher Natürlichkeit

Hamburg

Sie läuft seit kurzer Zeit auf eigenem Fuße
Und schaut mich ungläubig an
Wie die Augen eines Posters bleibt ihr Blick
Noch lange an mir haften

„Mama, schau mal
Der Mann sieht so hautfarben aus"

Franz Leander

Ich habe das Glück im alten Dampfbad von Baden-Baden zu wohnen
Meine Bücher und Dokumente lagere ich im alten Pumpraum
Man hat hier mit der Feuchtigkeit zu kämpfen
Ehe man sich versieht, quillt alles auf
Selbst das Brot

Manchmal liege ich im Tage badend
Auf der Récamiere im alten Solebecken
Dann zähle ich Fliesen
Stelle mir vor, die Decke wäre der Boden

Meine Liebe gilt Händel und Haydn
Die Wassermusik hallt wie einst die Reflexion der Flüssigkeiten
Flackernd über die Wände

Wenn ich einsam bin, erzähle ich den Geckos aus meiner Fantasie
Die lichtdurchfluteten Räume sind nun herrlich üppige Terrarien
Doch bald ist es Winter

In besonders kalten Stunden nehme ich die alte Sauna in Betrieb
Während sich der Schweiß zwischen Wirbelsäule und Holzplanke sammelt
Tropft der schmilzende Schnee von den Bäumen
Pochend auf die Plastikabdeckung des Außenbeckens

Kapverdische Inseln, West-Afrika

Ein Plastikarmband
Die Legitimation zur Völlerei
Einige der Insassen haben das Ressort
Seit Ankunft nicht verlassen
Die Kultur dringt in Form einer älteren Dame
Die einige selbstbemalte Gegenstände verkauft zu uns durch
Das muss reichen

Wenn ich in die Stadt fahren sollte
Dürfe ich nichts mitnehmen, das sei gefährlich
Am Strand kann man bis in die Dämmerung spazieren
Danach kommen Banden
Ich empfinde die Ängste und Zwänge als liebenswert
Als der Duisburger Familienvater mich aus dem Meer zurückpfeift
(„Geh da bloß nicht zu tief rein!") bin ich gar gerührt

Im Dorf lebt ein Gitarrist
Wir verbringen den Urlaub mit ihm
Er nimmt mir einen Teil meiner Ängste
Ich fahre zurück nach Deutschland
Kündige meine Arbeitsstelle, meine Wohnung

Unpathetisch gesagt, zeigt sich ein Schema durchzusetzen
Die irrwitzigsten Bühnen im Leben bergen Umsteigemöglichkeiten

Nacht mit Hund im Schwarzwald

19:30	Hund schläft (friedlich)
20:00	Hund schläft
20:30	Hund blinzelt, schläft aber weiter (ein friedliches Wesen)
21:00	Kurzes Zucken, Hund schläft weiter (was er wohl träumen mag)
21:30	Hund grunzt
22:00	Übler Gestank, Hund schläft weiter
23:00	Hund liegt dösend herum
01:30	Hund steht auf, lautes Tatzengeräusch auf dem Parkett
02:00	Hund läuft etwas herum, noch lauteres Tatzengeräusch auf dem Parkett
02:30	Hund schläft
03:00	Hund wedelt mit dem Schwanz, extrem lautes Geräusch auf dem Parkett (kein Weiterschlafen möglich)
03:30	Hund legt sich sehr nah ans Bett, lautes Atmen, übler Geruch
04:00	Hund läuft etwas herum, lautes Tatzengeräusch auf dem Parkett (wie kann ein Mensch freiwillig mit einem Hund zusammen schlafen)
04:30	Hund stuppt mich feucht an meinen nackten Rücken, panisches Erwachen, Orientierungslosigkeit, extreme Wut
05:00	Hund träumt wild, läuft im Schlaf, extrem lautes Geräusch auf dem Parkett
05:30	Extremer Gestank, Quelle unbekannt
06:00	Hund schläft
06:30	Hund stuppt mich feucht an meinen nackten Rücken, panisches Erwachen, extremer Gestank, Wut wird zu Verzweiflung
07:00	Hund steht im Raum und schaut mich an
07:30	Hund läuft etwas herum, lautes Tatzengeräusch auf dem Parkett (Lauter Ausruf: „Hau ab")
08:00	Hund schnarcht, übler Geruch, Atem spürbar im Nacken (Lauter Ausruf: „Kack Köter")
09:30	Hund schläft (Keinen Bock mehr auf Urlaub)
10:30	Hund schläft als wäre nichts passiert (Ich fahre nach Hause)

Etna, Italien

Im Kopf einen Namen
In der Hand ein Foto, 50 Jahre alt

Die Metzgerei Trecastagnis, ein Dorf auf dem Etna
Beherbergt brühwarme Gerüchte dreier Generationen

Man schickt uns durch den Nebel, durch die Gassen
Der Sessel des Sheriffs, seit Herstellungsdatum besetzt
Mein Freund tippt in den Pentium 2
„Ich suche meinen Großvater"
Google antwortet „Sto cercando mio nonno"
Das Gesicht des Sheriffs unterbricht: „Welch Hexerei!"

Das Präsidium, das Interior, ja, selbst der Ausblick in den Alltag
Verstaubt, aus einer anderen Zeit
In leidenschaftlichem Italienisch wird um Reaktionen ringend vorgetragen
Amigo, Amore, si, si
Ich frage mich, wie wohl ein deutscher Polizist
Auf eine Großvatersuche reagieren würde

Er wird gleich kommen, ist in 5 Minuten hier…
In der wachsenden Gruppe der Wartenden fehlt Kai Pflaume

Seine Augen voller Erwartung, fast ängstlich suchend
Die Umarmung filmreif, großes Kino
In Zeitlupe tropfen gestandenen Polizisten Tränen herab
Nach Intimität hastend ziehen wir aus dem emotionalen Moloch fort

Der Fiat Panda verleiht meinem Körper etwas Sardelliges…
Noch auf dem Parkplatz gibt es viel zu besprechen
An diesem nebeligen Tag, in diesem kleinen Auto beginnt eine neue Geschichte

Der Garten

Im Frühling kamen wir durch einen glücklichen Zufall an ein verwildertes Grundstück. Wiese, Schuttberge und ein kleiner Forst. Dahinterliegend: noch mehr wilde Natur, getrennt durch einen Bach. Wir hätten bauen oder es verpachten können, wir entschieden uns für einen Garten. Tag für Tag fuhren wir hin, gruben, pflanzten, säten.

Wir nahmen es nicht als Arbeit wahr. Den ganzen Sommer über war dieser Garten unser großes Projekt. Das Wetter meinte es gut mit uns. Schon im Spätsommer konnte man erahnen, was hier entstehen würde. Auf schmalen, verzauberten Wegen konnte man ihn bereits erkunden oder auf einer der Sitzgelegenheiten verweilen und die Zeit verstreichen lassen. Es ist ruhig hier, weit ab von der Stadt. Ein ganz besonderer Ort ist er geworden. Ein kleiner Kosmos, der nicht an Magie verliert.

Jetzt gerade sitze ich in ihm. In der wohlig warmen Herbstsonne eingehüllt. Kurz eingenickt. Beim Aufwachen sehe ich das ein oder andere Detail, an dem ich noch feilen werde. Um ihn anschließend wieder der Natur zu überlassen.

Nachruf

Man nannte ihn Tango-Terry
Wegen seiner tippelnden Schritte
Er hatte einen Flow in seiner Bewegung
Das muss man ihm lassen
In Wahrheit hieß er Thorsten und war Logistiker
Das wissen nicht viele
Ich traf Thorsten am Spielfeld
Er tippelte hin und her
Wusste es mal wieder besser, Profi halt
Auf seinem Poloshirt stand „1908" und „San Francisco"
Von Amerika hatte er wohl nix gesehen
Aber den Westen kannte er wie kein Zweiter
Die Dame vom Büdchen am Schützenhof
teilte ab und an ein Bier mit ihm
Fuhr meistens mit der 7
Seine Mutter lebt für immer
Aber Tango-Terry nicht
Heute stehen sie im Westen und reden über erneuerbare Energien
Wissen es mal wieder besser, Profis halt
Mir fiel er zufällig wieder ein, der Terry
als im Radio ein Tango lief
Es wird einem ganz schwer um's Herz
denn Thorsten war ein Guter
Seine Existenz verpufft
Die nächste Wohnungsauflösung wird seine letzte Bühne
Danach ist zappenduster
Unterm Strich ein redundanter
Ach, wer ist das nicht? Hast ja Recht.
Prost, auf Terry!

Der Kolkrabe

Dann hebt er seine Schwingen
Für einen kurzen Moment sieht er von hinten betrachtet
Wie das gemalte, simplifizierte „M" eines kindlichen Vogels aus
Kopf und Nacken strecken sich nach vorne
Die Gewichtsverlagerung bringt den Körper zum Kippen
Die Beine aus Knorpel und Gummi
Machen sich zu einem kräftigen Absprung bereit
Der erste Flügelschlag zieht ihn ruckartig empor
Er korrigiert ein wenig am Winkel der Flügel
Und gleitet davon

Mittlerweile ist er Witwer
Sitzt den Großteil des Tages auf Hochspannungsmasten
Mit 18 Jahren ist er Senior
Für albernes Balzverhalten nicht mehr zu haben
Am Morgen nimmt er meist etwas Aas zu sich
Seine reich gedeckte Tafel ist eine geheime Böschung an der A2
In seinem letzten Jahr auf dieser Erde lehnt er sich etwas zurück
Nur die wichtigsten seiner vielen Routen fliegt er noch regelmäßig ab
Sein metallisches Gefieder wird akkurat gepflegt
Da sein mühsam angereichertes Repertoire an Lauten
Nicht mehr wahrgenommen wird
Ist er ruhig geworden
Krächzt ab und an noch heiser vor sich hin

Granadilla, Spanien

Das Licht versickert im schlammigen Boden der verlassenen Seenplatte.
Im Sommer verteiben Kanugruppen die Stille. Wir haben Herbst, eine
unheimliche Grundstimmung übernimmt. Anwesend sind Vögel, Schafe und
Hirsche, nicht gerade schüchtern. Wir pflegen einen respektvollen Umgang
miteinander. Schenken mir schmeichelhafte Aufmerksamkeit.

Der Abdruck des Bären hat nur wenig mit Höflichkeit zu tun. Viel zu groß und
penetrant, eine direkte Warnung. Zu einem guten Umgang miteinader zählt
meines Erachtens der Gebrauch von Feinfühligkeit, ein dezenter Hinweis
zwischen den Zeilen. Mir wurde die Möglichkeit eines würdigen Abgangs
verwehrt. So bleibt nur noch ein wenig maskulines, fluchtartiges Verlassen
der Bühne.

Auf den letzten Metern – denke ich heute – ihn gehört zu haben.
Ein infantiler Spaziergang, eine Lappalie wird innerhalb eines Moments zur
Auseinandersetzung. Ja, zur Bedrohung, wächst zur ältesten aller Urängste
heran. Ich hab's gespürt, die ganze Zeit - hier stimmt was nicht.

Nachts tapsen die Marder auf dem Auto. Ich sorge mich um meinen Lack.
Im Morgengrauen weitet sich ein zerfetzter Schafskadaver vor mir aus.
Jackson Pollock – „Zauberwald".

Nach einigen Kilometern bleibe ich noch einmal stehen.
Schaue zurück auf das – von hier so idyllisch wirkende – Tal.
Vielleicht sollte ich mir heute Nacht ein Hotel nehmen.
Gut, dass ich noch lebe.

München/Tschechien/Oberpfälzer Wald

Hinter dem Trommeln der Tropfen auf dem Autodach
Steckt kein Rhythmus
Nur ein wildes Hämmern
Auf dem Rücken liegend sehe ich sie durch das Kofferraumfenster
In Strahlen auf mich zurasen

Bei der polnischen Großfamilie im Bulli nebenan
Scheint sich eine gemütliche Melancholie breitzumachen
Die Kinder starren apathisch in die Fichten

Der tschechische Fernfahrer hört wieder und wieder
Das herzzerreißende Violinen-Intro
Eines sich plötzlich in einen Popsong wandelnden Stückes
Er denkt an seine Frau
Er denkt an den Eintopf, der gleich fertig sein wird
Wie er riecht
Wie sie die freie Zeit mit der Familie am See verstreichen lassen werden

Den Raum ihrer Freizeit
Möchten sich die Busse an Rentnern etwas dekorieren
So haben sie – wie ich auch
Eine Führung durch die Teufelshöhle bei Martin gebucht

Martin hat es perfektioniert
Seiner Zielgruppe durch freche Sprüche
Und kleinen schauspielerischen Einlagen
Die Verdauungszeit des Schnitzels zu versüßen

„So a Schelm issa"

Talybont-on-Usk, Wales

Viel zu früh am eisigen Morgen hallt ein Apachen-Ruf über das Tal
Bricht sich in der Monotonie der einzig natürlichen Komponente
Dem Geflüster des Bachs
Und kommt im Kanon des deplatzierten Einsatzes
Eines Motorengebrülls zurück

Ein eingemummeltes Wesen ohne Alter, ohne Geschlecht
Treibt sein Quad auf die Anhöhe
Wieso 150 Schafe dem zügellosen Sopran folgen, bleibt mir ein Rätsel
Oben angekommen, winkt mir das Wesen zu
Ich winke zurück
Ich koche Kaffee
Ich friere, als wäre nichts gewesen

Das Quad kommt herüber
Ein Frauengesicht (einer Indianerin nicht unähnlich) strahlt mich an
Ich zähle zwei Schneidezähne und einen Backenzahn
Sie erzählt mir die Geschichte der Queen, die 1958 das Tal besuchte
Ob meine Ehefrau einfach zuhause geblieben sei
Der Spruch „Noch habe ich keine,
Aber vielleicht fahre ich ja mit einer feurigen Schottin heim"
Funktioniert bereits zum zweiten Mal
Lacher

Wir trinken Kaffee und mir wird ganz warm
Von ihren Ansichten
Ihrer Menschlichkeit
Ihrer Lebendigkeit...

Überraschung

Dem Nachbarn riss das Rohr entzwei
Man ruf' den Klempner besser an
Nach Stunden kamen Zwei, verstimmt
Im Keller: Pumpen, Fluchen, „Drecksarbeit"

Sein Magen war zu voll des Wartens
So lief er panisch durch das Haus
Bekam es mit der Angst zu tun
Niemand gab auch nur ein' Laut

Zurück also ins traute Heim
Der eigne Thron bleibt Grundbesitz
Durch's leere Rohr hallt's schon nach oben:
„Sag mal Norbert, hörst du das auch?"

Wutentbrannt wumts an der Tür
„Sag mal, Junge. Brennt's bei dir?"

Die Rechnung kam per Post alsbald
Vermieter gar persönlich

„Sagen Sie, ich hab gehört
Dem Norbert hat's missfallen
Dass Sie ihm ein Geschenk gemacht
Als Überraschung hinterlassen"

Isabelle

Sie geht nicht davon aus eine falsche Entscheidung getroffen zu haben.
Das ist es nicht. Er hat so viel Gutes an sich. Manchmal ist es wie früher.
Dann sieht sie seine ansteckend lustigen Augen und auch die Reaktionen
anderer.

Meistens jedoch nimmt sie ihn kaum wahr. Er macht nicht viel falsch,
kümmert sich. Sie vermutet, dass das KÜMMERN seine Art ist, mit dem
VERSICKERN umzugehen. Er hat sich sein System geschaffen. Hin und wieder
Essen gehen. Um Körperlichkeiten bemüht. Vor allem aber „Nicht zu viel
Hinterfragen".

Ein wichtiges Argument sind die Gäste, die alleine kommen. Sie berichten
von Urlauben, der großen Freiheit, dem neuen Zeitvertreib. In ihnen wittert
sie eine Leere, durch einen unsichtbaren Sog erzeugt. Sieht, wie sie Versuche
unternehmen, sich etwas zurückzuholen. Etwas aufzusammeln.

Wenn es sie überhaupt noch gibt, besucht sie Isabelle nur noch selten.
Das mag an ihrer Scheu liegen. Selbst vor der Gesellschaft ihres Mannes
fürchtet sie sich. Sie nennt sie Isabelle. Eine Art „innere Stimme". Aber eine
wirkliche Stimme besitzt sie eigentlich nicht. Eher muss man ihr gegenüber
eine anstrengende Sensibilität entwickeln, um die kaum wahrnehmbaren
Gesten zu interpretieren. Das Sehnsüchtige, das Melancholische, das
Strebende an Isabelle nervt sie.

Wie mag wohl seine Isabelle aussehen? Etwas stoisch? Stumpf?
Pragmatisch? Stets bemüht den ohnehin nur leicht welligen Graphen seines
Lebens zur Ruhe zur bringen. Eine fehlende Steigung in Kauf genommen.

Sie hat sie Steffen getauft. Nach Steffen Seibert. Denn im Grunde genommen
stellt sie sich Steffen nicht mehr als Originalstimme vor, eher als Stellvertreter.
Was sie dafür geben würde, Steffen und Isabelle an der Bar zu beobachten.

In Isabelles Gesicht wäre jetzt der Anflug eines Schmunzelns zu erkennen.
Erzeugt durch die romantisch verträumte Fantasie zweier scheuer,
aufflackernder Wesen, die sich nur selten, in ganz besonderen Momenten im
Arm liegen und sich Geheimnisse anvertrauen.

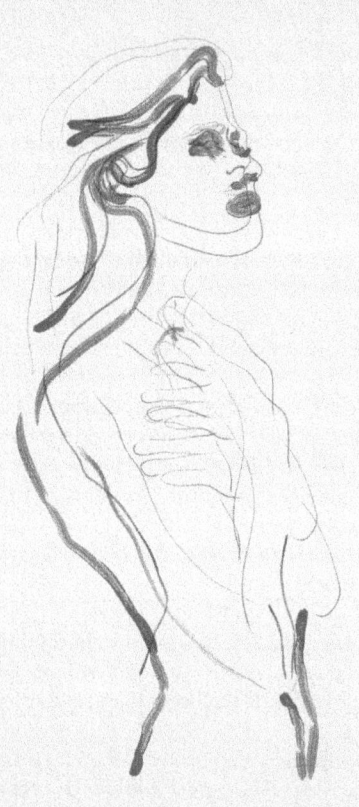

An dir ist alles schön.
Deine Stimme, dein Geruch, deine ganze Welt!

Lachen

Wieso lachst du?

Weil ich weiß, dass du es ernst meinst.

Wales

Es ist bewölkt, tief in der Nacht
Meine Kamera fordert 2-3 Minuten Belichtungszeit
In meinem Kopf das Bild des „Hobbyfotografen",
den ich (nur wenn keiner guckt) heimlich belächle
Mit dem Stativ auf der Jagd nach dem möglichst häufig abgebildeten Motiv
Professionell sollte es dabei aussehen

So stell ich mir mich in diesem Moment vor
Schlimmer
Eine Anhöhe anstelle eines Eiffelturms vor Kopf
stehe ich starrend in der eisigen Nacht

Was mich dazu veranlasst, ist eine mir verborgene Lichtquelle
die wankelmütig für wenige Sekunden über die Felsen huscht
Ich vermute einen Traktor auf den Feldern
Dem Franzosen wird die Zigarette weggepustet
Allesamt unprofessionell
Eiffeltürmler, nächtliche Traktorfahrer,
Franzosen ohne Fingermuskulatur, das Wetter

Die Wahrheit: Das ärmste Würstchen bin ich
Ohne dankbares Motiv, stochernd in ästhetischen Ideen
Aus Trotz werde ich dieses Bild eines Tages
zumindest für eine Zeit lang veröffentlichen
Eine Rechtfertigung der eigenen Strapazen
Unprofessionell

Goldfische

Mit einer beiläufigen Bewegung drückt sie ihren Mann
Einem nach Luft schnappenden Goldfisch ähnelnd
Zurück in die Brühe

Ihr Imperativ ist ihr flüchtiger Blick
Kein Interpretationsspielraum
Verbale Wasserbömbchen ersticken
Die eben erst geborene Flamme in seinem Blick

Warum er wohl sein Leben in den Dienst dieser Frau gestellt hat?
Was wäre nur gewesen, wenn er der Verlockung
Stand gehalten hätte?

Es hätte eine andere Falle gegeben...

Es muss Energie kosten,
Die Stichelein und Erniedrigungen zu schlucken
Der Provokation zu widerstehen
In was hätte er sie investieren können?

Vielleicht ist es arrogant zu urteilen
Vielleicht aber auch fahrlässig einem guten Mensch bei seinem
Untergang zuzusehen
Vielleicht braucht jeder Mensch etwas anderes zum Glück
Vielleicht sollte ich noch einen Wein bestellen

Gleiche Fremde

Wenn wir einen Tag gemeinsam leben
Die gleiche Fremde neu verstehen
Entstehen zwei Erinnerungen
Getrennt, geteilt in Einvernehmen

Schönheit

Das Bild, das sie vor sich sehen, ist der Inbegriff einer Totalen
Komplett herausgezoomt, Weitwinkel
Falls Sie anfangen die Erde zu suchen… Sie werden sie nicht finden
Sie ist nicht alleine aufgrund des Größenverhältnisses verschwunden
Auch wurde sie überlagert, verdeckt

Anfänglich sah man sie noch, anders als wir sie von Satellitenbildern kennen
Die Bewegungen auf ihr waren erkennbar
Die Energie, die jeder Einzelne täglich produziert

Der Zeitraffer beschleunigt, kürzer puffen die Farben der einzelnen Leben auf
Irgendwann entgleitet sie wie eine sich drehende, farbenfrohe Murmel
Zusammen mit anderen Energiepunkten verdichtet sich
das abstrakte, dynamische Bild einer großen Wolke

Für uns ergibt sie wenig Sinn, aber wir erfreuen uns ihrer Schönheit
Ihrer bloßen Existenz
Sie spendet Trost
Die Routine des Alltags, unsere Liebe, jeder Schritt, den wir unternehmen
Fügt sich einer Schönheit

Wir sind uns nicht ganz einig, ob gerade der fehlende Sinn Trost bedeutet
Daher kann ich an dieser Stelle nur für mich sprechen
Ich finde es ganz fantastisch…
Alles, was ich zu geben habe, dient niemandem und nichts
Es ist einfach da, eine Kraft, die vor sich hin malt
Ein harmonisches Gesamtbild
Der Genuss des Moments

Instagram

Irgendwo unter der Oberfläche des Displays
Entsteht ein grobes Bild von dir
Schon jetzt unwiderstehlich
Von der besten Seite getroffen

Aus den Storys wurde Charakter
Weder flüchtig noch unreal
Hier scheint die Sonne, lacht das Leben
Wahrhaftiges auf Instagram

Vergiss den Scham, tritt auf die Bühne
Teile Freud und Leid, sei ein Erzähler
Die anderen mögen lachen, spotten
Ihre Geschichten sieht doch keiner

Wir folgen uns und allem Neuen
Folgen uns von früh bis spät
Wir erschaffen uns ein #Image
An dem wir täglich weiter feilen

Hier unten herschen eigene Gesetze
Nur wer sie beherrscht, knackt die 1K
Von da oben verzehrt das Bild
Mitten drin ist alles wunderbar

Dartmoor, England

Ich beobachte die Schwestern seit einigen Minuten am Ufer
Ob die Ältere der beiden nicht für ihr Alter ein viel zu kurzes Oberteil trägt?
Ob ich spießig geworden bin?
Habe ich doch die eigene Jugend gerade erst hinter mir gelassen
Oder war das gestern?

Aus dem Dickicht pirscht sich eine Gruppe kahler Alter an
Die Bauchtaschen und Klettverschlüsse lassen ihre Tarnung auffliegen
Der wulstige Anführer steuert geradewegs auf die Ahnungslosen zu

Sollte ich etwas unternehmen? Eine Warnung?
Aufregend! Wie im Fernsehen!
Die fiesen Hyänen, die die Fährte der Jungantilopen
Schon seit Tagen verfolgen

Ein Blickkontakt
Ich nicke den beiden fröhlich zu
Und überlasse sie unverfroren ihrem Schicksal

Mallorca

Die, mit den Knien, holt dem Schwitzigen ein Stück Ananas
Er bedankt sich nicht
Sie interessiert das nicht
Keine Liebe

Der Schöne kommt elegant aus dem Wasser zurück
Macht jeden Tag Sport, trotzt dem Alter
Sie isst lieber nichts, montags Pilates
Spät Kinder bekommen, Bauch wieder weg

Viele sehr Dicke liegen so rum
Rauchen dabei und genießen das Nichts
Die Schönen beobachten erhaben die Dicken
Rauchen dabei und genießen sich selbst

Ich kauf der Schönen neben mir ein Eis
Sie bedankt sich
Wir gehen elegant ins Wasser
Viel Liebe

Kapstadt, Südafrika

Jeden Morgen kommt ein Bus
Jeden Morgen steige ich ein

Neben dem Linienbus fährt ein privater Fahrer mit seinem Minibus
der mich zur Attraktion werden lässt - besser gesagt: Meinen Körper
Die Sitzposition erinnert mich an Mozarts Leporello

Neben mir: Plastiktüten und Obstberge, die auf seltsame Weise den Bus
verlassen und zusteigen. Eine Frau mit Kindern fängt immer wieder auf's
Neue an zu lachen, wenn mich ihr Blick trifft. Irgendwann lacht der ganze
Bus. In den Townships werden lange Zigarettenpausen gemacht.
Der Deutsche in mir fragt sich dann, ob nicht Leute an der weiteren Strecke
auf uns warten. Der Busfahrer bittet mich darum, etwas über Deutschland
zu erzählen. In Anbetracht der erschreckenden Armut um mich herum ringe
ich noch um einen passenden Ansatz, als ein Mann „Lothar Matthäus" ruft.
Fußball verbindet.

Meine Schilderung seines eher unrühmlichen Boulevard-Lebens wird
ignoriert. Diplomatisch schließe ich mit „… und dennoch einer der größten
Fußballer unseres Landes"… Strahlen!

Meine analogen Filme reißen. Ich entschließe mich gegen eine Träne.
Auch wenn die Portraitserie meiner Gastfamilie sie Wert gewesen wäre.
Im Flieger lerne ich erst das Auge eines Zyklon, anschließend meine schöne
Sitznachbarin kennen. Nachdem man sich im Angesicht des Todes ineinander
krallte, quatscht es sich ganz ungeniert.

Fazit:
Gesehen, wie fehlende Grundbedürfnisse aussehen.
Beinahe den Verlust des luxuriösen Bedürfnisses
- Meiner Selbstverwirklichung - betrauert.
Einen Liter Angstschweiß weniger
Und eine Freundin mehr im Leben.

Riga, Lettland

Eine Gruppe Halbstarker fährt erhobenen Hauptes von Riga aus gen
Ostsee. Der Vordermann erfüllt das Klischee einer Gruppe progressiver
Jugendlicher. Vor Lachen glucksend, in Schlangenlinien radelnd

Was man als Nachwehen des alkoholbedingten Wahns des Vorabends
deuten könnte, entpuppt sich als die reine Freude am Teilen der eigenen
Körperausdünstungen (untenrum)

Zwischen Ekel und Anerkennung rollen sorgenfreie Tränen

Inmitten eines Waldes steht ein Autoscooter
Ich habe EINE Minute, um EINE Aufnahme zu schießen
Dann muss es schnell weitergehen
In diesen Jahren darf man nichts verpassen

Messdiener

Der erste, zarte Bartflaum nimmt sich die Wölbung zur Oberlippe
Ihre Augen, rot vom gestrigen Abend
Starren ungläubig in den Ausschnitt der Halbschwester des Bräutigams
Die Nike Air blitzen enttarnend unter dem Gewand hervor
Durch sie hindurch hat sich die Kälte in die Füße gefressen

Aus allen Ecken ertönt das Knarzen
Der sich gegen das Einschlafen wehrenden Arschbacken
Ermahnungen an das Brautpaar, Ratschläge, Warnungen, Mäßigung
Sektengleiches „Vaterunser"- Geraune
Die Aufregung hielt der Hypnose nicht lange stand

Vorfreude verdrängt durch Buße, Unbeschwertheit durch Demut
Der Klingelbeutel erweckt zunächst die Geizigen
Harter Übergang vom Übermenschlichen zum Weltlichen

Heute Nacht wird zwischen den kiffenden Messdienern
Dem Gelage der Liebenden und der Reinheit des Glaubens
Für einen kurzen Moment die Wahrheit erwachen, den Kopf schütteln
Und sich noch einmal umdrehen…

Oberkassel

Tragen keine Jogginghosen
Lieber Ihre Hunde
Die Haute Couture verbietet es
Portier, Foyer und Tiefgarage
Im Feinkostladen Trüffelpasta
Viel Zeit zu haben, gehört zum Stil
Vereint im Kasseler Cluster
Unterschicht fährt Gran Coupé
Mehrheit Rangie Vogue
Der Rhein hält Ungeziefer fern
Man kann die Kinder draußen lassen
Reitstunde. Klavierstunde. Sprachstunde.
Bildung heißt das Schlüsselwort
Oder Erben
Grundbesitz und Lebenshaltung
Impulse werden abgefangen
Diese Welt, sie soll bestehen
Diese Welt, sie gehört den 3%

Influencer

Wenn dir 70.000 Menschen folgen
Weil du einfach weißt wohin
Dann gib bloß eine Richtung vor
Frag nicht ständig nach dem Sinn

Du bist dann jemand – mit Vision
Keiner kennt sich besser aus
Fashion, Lifestyle, Beauty, Beauty
Beauty heut im Ausverkauf

All der Glanz verleiht dir eine Aura
Lässt sie erahnen, deine Seele
Hoffen wir, dass nie ein Mensch es sieht
Dass im Palast sie herrscht, die Leere

England

„We were always special"
„Time to leave"
Thema Brexit

Ein Mann in Jogginghose der Marke Lotto
Deren Existenz ich abgeschrieben hatte
Erscheint als Deus ex machina
Hinter einem Busch im Moor von Exeter

Nach einem leeren Satz endet meine Aufnahmefähigkeit
Erst als ich seine Hand auf meinem Bauch sehe
Entschließe ich mich etwas Acht zu geben

Politik scheint abgehakt
Sexualität&Privatsphäre
Die Frau frisch verliebt, in eine andere Frau
Sie leben nun zu Dritt
Ob ich nicht heute Abend vorbeikommen möchte
Zwinker

Das sind sie
Die Momente, die ich suche
Skurril und sonderbar

Es scheint mir unangemessen
Mein unverhofftes Glück auf mein Gesicht zu projizieren
Könnte missverstanden werden
Reflex und Neugierde kämpfen
Über das Argument „meine Frau habe etwas dagegen"
Ärgere ich mich noch ca. 30 Minuten

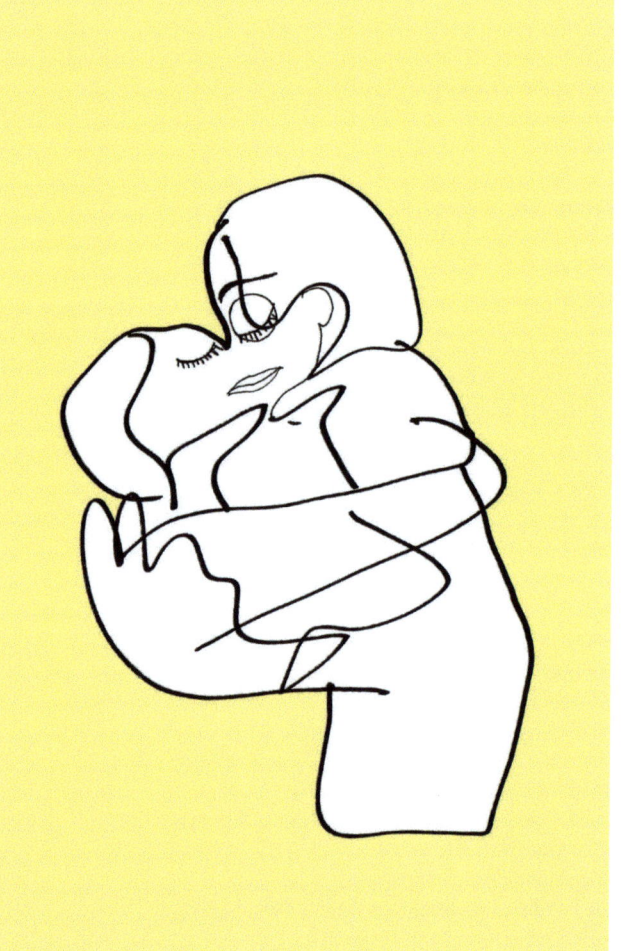

Moment

Schon der Moment, voll von dir
Gleich morgen werde ich verrückt danach sein

Dein Lächeln verursacht ein winziges Geräusch
Während meine Hand in deinem Nacken ruht
In der Dunkelheit das einzige Indiz
Für dein Gefallen

Der Innenhof erwacht zu neuem Leben
Erschöpft hüllt uns der Schlaf in sich
Wir teilen auch ihn, wie alles heute
Im Kopf nur dieser Augenblick

Dein Geruch bleibt noch eine Weile
Und auch die Wärme zwischen unseren schlafenden Schultern

Diesen Moment
Ich habe ihn aufbewahrt
Er ist jetzt Teil von mir

© 2018 Simon Thon

Umschlaggestaltung: Simon Thon
Lektorat, Korrektorat: Astrid Thon, Dina Benito
Alle Fotos & Illustrationen: Simon Thon

Verlag und Druck: tredition GmbH, Halenreie 40-44, 22359 Hamburg

ISBN Taschenbuch: 978-3-7439-7937-6
ISBN Hardcover: 978-3-7439-7938-3
ISBN e-Book: 978-3-7439-7939-0

Bibliografische Information der Deutschen Nationalbibliothek: Die Deutsche Nationalbibliothek verzeichnet diese Publikation in der Deutschen Nationalbibliografie; detaillierte bibliografische Daten sind im Internet über http://dnb.d-nb.de abrufbar.

Weitere Informationen:
www.simonthon.com/poetrait